Quod Enigma

Katechon

Quod Enigma

Katechon

Verschwörung gegen Gott

Fromm Verlag

Imprint

Cover image: www.ingimage.com

Publisher:
Fromm Verlag
is a trademark of
International Book Market Service Ltd., member of OmniScriptum Publishing Group
17 Meldrum Street, Beau Bassin 71504, Mauritius
Printed at: see last page
ISBN: 978-613-8-37181-6

Inhaltsverzeichnis:

I. Warnung:

Erzbischof Viganò warnt Trump vor "Great Reset"[1]

In seinem zweiten Offenen Brief an Präsident Trump warnt Erzbischof Viganò vor einem "Great Reset".

Der Brief ist auf den 25. Oktober, "Hochfest Christus König" (nach dem ursprünglicher Römischer Ritus), datiert. Der "Great Reset" ist für Viganò ein globaler Plan gegen Gott und die Menschen: Mächtige Kräfte des Bösen kämpfen gegen die Kräfte des Guten,

[1] Vgl. https://www.gloria.tv/post/KpCe7bK6sY6b4jQvSkqRsLkcX

die unorganisiert und von ihren politischen und religiösen Führern im Stich gelassen sind.

In einigen Ländern werde der Great Reset zwischen Ende dieses Jahres und dem ersten Trimester 2021 aktiviert: "Zu diesem Zweck sind weitere Lockdowns geplant".

Viganò erwähnt erneut den Kathèkon, der sich der Manifestation des Geheimnisses der Bosheit widersetzt (2 Thess 2,6-7). Im religiösen Bereich ist der Kathèkon für Viganò die Kirche und der Papst, im politischen Bereich jene, welche die Neue Weltordnung behindern. Doch für Viganò ist klar, dass Franziskus "seine Aufgabe verraten hat".

II. Witterung:

Erzbischof Viganò wittert Verschwörung: „Dunkle Macht nutzt Corona für Unterwerfung der Menschheit“[2]

Erzbischof Viganò hat sich in einem offenen Brief an US-Präsident Trump gewandt. Darin bezeichnet er die weltweiten Corona-Maßnahmen als Mittel zur Errichtung einer „Gesundheitsdiktatur“. Zentrales Instrument sei ein für das erste Quartal 2021 geplanter „Great Reset“.

Der Erzbischof und frühere Apostolische Nuntius (Botschafter Vatikanstadts) in den USA Carlo Maria Viganò hat sich in einem offenen Brief an den US-Präsidenten Donald Trump gewandt. Darin führt er aus, dass sich hinter den Regierungsmaßnahmen zur Bekämpfung der COVID-19-Pandemie in Wahrheit der Plan zur

---

2 Vgl. https://linkezeitung.de/2020/11/06/erzbischof-vigano-wittert-verschwoerung-dunkle-macht-nutzt-corona-fuer-unterwerfung-der-menschheit/

Umsetzung eines „Great Reset“ („Großer Neustart“) verberge, wie das Onlineportal *katholisches.info* berichtet. Dieser Plan werde vom Tiefen Staat vorangetrieben, einer für die Öffentlichkeit unsichtbaren dunklen Macht. Das Weltwirtschaftsforum diene dabei lediglich als eine Art offizieller Rahmen für das geplante Vorhaben.

In diesem Sinne seien die Präsidentschaftswahlen in den USA am Dienstag nicht nur eine Wahl zwischen verschiedenen Personen und Parteien, sondern um „die Zukunft der Menschheit“ gewesen. Seinen offenen Brief wollte der Erzbischof entsprechend als Aufruf an die Katholiken und „alle Menschen guten Willens“ in den USA verstehen, Trump zu wählen. Denn hinter Joe Biden stünden genau jene dunklen Kräfte, die den „Great Reset“ auf ihrer Agenda haben:

Dieser historische Moment [sieht] die Kräfte des Bösen in einem Kampf ohne Ende gegen die Kräfte des Guten vereint; Kräfte des Bösen, die mächtig und organisiert erscheinen, wie sie sich den Kindern des Lichts entgegenstellen, die desorientiert und unorganisiert sind und von ihren weltlichen und geistlichen Führern im Stich gelassen werden. (…) Wir sehen, wie Staatsoberhäupter und religiöse Führer diesem Selbstmord der westlichen Kultur und ihrer christlichen Seele Vorschub leisten, während die Grundrechte der Bürger und der Gläubigen im Namen eines Gesundheits-Notstands verweigert werden, der sich immer mehr als Instrument zur Errichtung einer unmenschlichen gesichtslosen Tyrannei entpuppt.

Die meisten Staats- und Regierungschefs der Welt seien dabei lediglich „Komplizen und Vollstrecker“. Hinter ihnen stünden „skrupellose Persönlichkeiten“, die nicht nur das

Weltwirtschaftsforum, sondern auch das sogenannte „Event 201“ finanzierten. Bei dem „Event 201“ handelt es sich um eine vom Johns Hopkins Center for Health Security mit Unterstützung des Weltwirtschaftsforums sowie der Bill-und-Melinda-Gates-Stiftung abgehaltene Pandemie-Übung aus dem Herbst 2019. Viganò zufolge wird versucht, eine „Gesundheitsdiktatur, die auf den Erlass freiheitstötender Maßnahmen abzielt“, zu errichten. Der Preis für wirtschaftliche Zugeständnisse werde aber neben dem Verzicht auf Privateigentum das „Durchsetzen eines von Bill Gates in Zusammenarbeit mit den wichtigsten Pharmakonzernen geförderten Impfprogramms gegen COVID-19 und COVID-21“ sein. Der Erzbischof führt aus:

Abgesehen von den enormen Wirtschaftsinteressen, die die Befürworter des ‚Great Reset‘ antreiben, wird die Einführung der Impfung mit der Forderung nach einem Gesundheitspass und einem digitalen Ausweis einhergehen, mit einer dadurch möglichen permanenten Kontaktverfolgung der gesamten Weltbevölkerung. Diejenigen, die diese Maßnahmen nicht akzeptieren, werden in Internierungslagern eingesperrt oder unter Hausarrest gestellt, und ihr gesamtes Vermögen wird beschlagahmt werden.

Dieser „Great Reset“ sei für das erste Quartal 2021 vorgesehen. Hierfür seien „weitere Lockdowns geplant, die offiziell durch eine angebliche zweite und dritte Welle der Pandemie gerechtfertigt werden“. Dabei werde „auf raffinierte Weise eine weltweite Wirtschaftskrise provoziert“. Die Drahtzieher im Schatten wüssten von ihrem Wesen her nicht, „wie man liebt“. Daher könnten sie nicht verstehen, dass es für Menschen um „Sympathien, Institutionen, Glauben, Kultur, Traditionen und Ideale“ gehe. Menschen hätten Werte und würden sich nicht „wie Automaten verhalten“ oder wie „Maschinen gehorchen“. Es sei daher nicht überraschend, dass „der Feind verärgert ist, gerade dann entdeckt zu werden, wenn er glaubt, die Zitadelle erreicht zu haben, die er ungestört erobern will“. Und weiter:

Die Reaktion des Tiefen Staates auf jene, die seinen Plan anprangern, ist trüb und unlogisch, aber verständlich. Gerade als es der Komplizenschaft der Mainstream-Medien gelungen war, den Übergang zur Neuen Weltordnung fast schmerzlos und unbemerkt zu gestalten, kommen alle möglichen Täuschungen, Skandale und Verbrechen ans Tageslicht.

So sei es bis vor Kurzem noch leicht gewesen, Kritiker als „Verschwörungstheoretiker“ zu verleumden. Doch heute sehe man, dass diese „schrecklichen Pläne“ bis „ins kleinste Detail ausgeführt werden“. So habe etwa niemand „bis Februar dieses Jahres gedacht, dass in unseren Städten Bürgerinnen und Bürger verhaftet werden würden, nur weil sie auf die Straße gehen zu atmen, ihr Geschäft offen halten oder am Sonntag in die Kirche gehen wollen“. Der Erzbischof führt weiter aus:

Und während sich die Politiker in ihren Palästen verbarrikadieren und Dekrete verkünden, als wären sie persische Satrapen, scheitern die Unternehmen, schließen die Geschäfte, und die Menschen werden daran gehindert, zu leben, zu reisen, zu arbeiten und zu beten. Die katastrophalen psychologischen Folgen dieser Operation sind bereits

sichtbar, an erster Stelle an den Selbstmorden verzweifelter Unternehmer, oder an unseren Kindern, die von Freunden und Klassenkameraden getrennt sind und denen gesagt wird, sie sollen dem Unterricht folgen, während sie zu Hause allein vor dem Computer sitzen.

Dabei übt Viganò auch scharfe Kritik am Haupt der katholischen Kirche. So sei „völlig klar zutage getreten, dass derjenige, der heute den Stuhl Petri innehat, von Anfang an seine Rolle verraten hat, um die globalistische Ideologie zu verteidigen und zu fördern und die Agenda der Tiefen Kirche [analog zum Tiefen Staat] zu unterstützen, die ihn aus ihren Reihen ausgewählt hat“. Damit dürfte sich der Erzbischof unter anderem darauf beziehen, dass Papst Franziskus, anders als von diesem behauptet, nicht erst im Juli 2018, sondern bereits im Juni 2013 über das homosexuelle Doppelleben und die pädophilen Triebe des damaligen Kardinals Theodore McCarrick informiert war, was Viganò selbst im Juli 2018 enthüllte.

Auch vor „dunklen Absichten“ hinter den Corona-Maßnahmen, die von der Weltgesundheitsorganisation und zahlreichen Regierungen umgesetzt werden, hatte Viganò bereits im Mai mit seinem Aufruf „Veritas liberabit vos“ („Die Wahrheit wird euch freimachen“) gewarnt und daraufhin teils heftige Kritik geerntet. So war unter anderem kritisiert worden, dass Viganós Aufruf „auffällig unbestimmt“ bleibe, wie etwa das Onlineportal *katholisch.de* berichtete. Insbesondere bleibe unklar, wer genau der „unsichtbare Feind“ bzw. die „fremden Mächte“, die eine Weltregierung anstrebten, sein sollen. Somit könnten die Unterzeichner jederzeit darauf verweisen, es so ja gar nicht gemeint zu haben.

Die Deutsche Bischofskonferenz distanzierte sich auch von dem Aufruf. Ihr Vorsitzender, der Bischof Georg Bätzing, betonte damals, dass sich die Bewertung der Pandemie durch die Bischofskonferenz grundlegend von dem Inhalt des Aufrufs unterscheide. Der Ruhrbischof Franz-Josef Overbeck erklärte dazu, „dass die Kirche zur Bewältigung der Corona-Krise einen klaren Beitrag leisten könne, indem sie Solidarität als deutliches Zeichen der Entschlossenheit nutzt, um sich für das Gemeinwohl und soziale Gerechtigkeit einzusetzen". Das stehe im Widerspruch zur Positionierung „jener Populisten und anderer Verschwörungstheoretiker, die alle Anstrengungen zur Eindämmung der Pandemie als Vorwand verstehen wollen, eine hasserfüllte technokratische Tyrannei zu begründen und die christliche Zivilisation auszulöschen".

Den Bewerber um die US-Präsidentschaft Biden bezeichnete Viganò nun als „vom Tiefen Staat manipuliert und durch Skandale und Korruption ernsthaft kompromittiert". Es liege auf der Hand, „dass jene, die Biden manipulieren, bereits jemanden bereit haben, der schlimmer ist als er, und durch den sie ihn ersetzen werden, sobald sich die Gelegenheit dazu bietet". Der „Great Reset" werde allerdings dennoch nicht ausgeführt werden können. Der Erzbischof begründet das so:

Dieser ‚Great Reset' ist zum Scheitern verurteilt, weil jene, die ihn geplant haben, nicht verstehen, dass es immer noch Menschen gibt, die bereit sind, auf die Straße zu gehen, um ihre Rechte zu verteidigen, um ihre Lieben zu schützen, um ihren Kindern und Enkeln eine Zukunft zu geben. Die nivellierende Unmenschlichkeit des globalistischen Projekts wird angesichts des entschlossenen und mutigen Widerstands der Kinder des Lichts kläglich scheitern.

III. Verschwörung:

Erzbischof Vigano glaubt an Verschwörung[3]

Washington – Mit einem weiteren Offenen Brief an US-Präsident Donald Trump sorgt Erzbischof Carlo Maria Vigano (79), früherer Vatikan-Botschafter in den Vereinigten Staaten, erneut für Aufsehen. In dem am Wochenende in mehreren Ländern und Sprachen veröffentlichten Schreiben warnt er vor einem „globalen Plan namens Great Reset". Eine Weltelite habe Vigano zufolge vor, „die gesamte Menschheit zu unterwerfen". Daher würden der Bevölkerung Zwangsmaßnahmen auferlegt, um die individuelle Freiheit drastisch einzuschränken. Ziel sei die Schaffung einer „Gesundheitsdiktatur".

Vigano: Papst Franziskus habe Amt verraten

Noch vor einigen Monaten habe man seine Einwände als „Verschwörungstheorie" abgetan, schreibt Vigano weiter. Nun zeige sich, dass die Befürchtungen berechtigt seien. Weitere Lockdowns seien in Planung – die Umsetzung jeweils mit einer möglichen zweiten oder dritten Pandemie-Welle gerechtfertigt. Auch Papst Franziskus habe sein Amt verraten und sei zum Förderer einer „globalistischen Ideologie" geworden. Dabei werde er von einflussreichen Klerikern unterstützt.

Wenige Tage vor der US-Präsidenschaftwahl beschreibt Vigano die Auseinandersetzungen vor dem Hintergrund der Corona-Pandemie

---

3 Vgl. https://neuesruhrwort.de/2020/11/01/erzbischof-vigano-glaubt-an-verschwoerung/

abermals als einen Kampf biblischen Ausmaßes: „Kinder des Lichts“ kämpften gegen „Kinder der Dunkelheit“, die strategische Positionen in allen Bereichen des gesellschaftlichen Lebens besetzt hätten. Der Erzbischof beendet seinen Brief mit den Worten: „Herr Präsident, Sie wissen genau, dass die USA in dieser entscheidenden Stunde als die Schutzmauer gelten, gegen die der von Befürwortern des Globalismus erklärte Krieg entfesselt wurde.“

Schärfster Wortführer der radikal-konservativen Minderheit

Er bete für Trump und spende ihm angesichts der bevorstehenden Herausforderungen seinen Segen. **Bereits im Sommer** hatte Vigano dem Präsidenten einen ähnlichen Brief gewidmet. Dieser reagierte hoch erfreut. Auf Twitter schrieb der Politiker damals, er fühle sich durch den „unglaublichen Brief von Erzbischof Vigano sehr geehrt“. Trump ergänzte: „Jeder, ob gläubig oder nicht, sollte ihn lesen!“

Vigano war von 2011 bis 2016 Apostolischer Nuntius in Washington. 2018 kritisierte er den Umgang von Papst Franziskus mit dem Missbrauchstäter, dem inzwischen aus dem Klerikerstand entlassenen Ex-Kardinal Theodore McCarrick, und forderte den Papst zum Rücktritt auf. Der frühere Nuntius ist einer der schärfsten Wortführer der radikal-konservativen Minderheit in der katholischen Hierarchie.

IV. Stilum Curiae:

M.Tosatti: Erzbischof Viganò schreibt einen Brief an Präsident Trump[4]

Marco Tosatti hat bei **Stilum Curiae** den offenen Brief veröffentlicht, den Erzbischof Viganò aus aktuellem Anlass an den us-amerikanischen Präsidenten geschrieben hat.

"VIGANÒ AN TRUMP: DIE MENSCHEN WISSEN, DASS DIE MEDIEN LÜGEN. ICH BETE FÜR SIE."

Liebe Freunde und Feinde von Stilum Curiae, Erzbischof Viganò hat einen offenen Brief an Präsident Donals Trump geschrieben.

Mr. President,

in den vergangenen Monaten sind wir Zeugen der Bildung zweier entgegengesetzter Richtungen geworden, die ich biblisch die Kinder des Lichts und die Kinder der Finsternis nennen würde. Die Kinder des Lichts bilden den auffälligsten Teil der Menschheit dar, während die Kinder der Finsternis eine absolute Minderheit repräsentieren. Und dennoch sind die Ersteren Ziel von Diskriminierung, die sie im Hinblick auf ihre Gegner, die oft strategische Ämter in Regierung, Politik, Wirtschaft und in den Medien bekleiden in eine moralisch schwächerer Position bringt, auf

---

[4] Vgl. https://beiboot-petri.blogspot.com/2020/06/mtosatti-erzbischof-vigano-schreibt.html

unerklärliche Weise werden die Guten von den Bösen und denen, die ihnen- sei es aus Selbstsucht oder Angst helfen, als Geiseln gehalten.

Diese beiden Seiten, die biblischer Natur sind, folgen einer klaren Trennung zwischen dem Nachkommen der Frau und den Nachkommen der Schlange. Einerseits sind da jene, die obwohl sie tausend Fehler und Schwächen haben von der Sehnsucht angetrieben werden, Gutes zu tun, ehrlich zu sein, eine Familie zu gründen, zu arbeiten, ihrer Heimat zu Wohlstand zu verhelfen, den Bedürftigen zu helfen und in Gehorsam zu Gottes Geboten, das Himmelreich zu verdienen. Auf der anderen Seite sind da jene, die sich selber dienen, keine moralischen Prinzipien haben, die Familie und die Nation zerstören wollen, Arbeiter ausbeuten, um reich zu werden, die internationale Spaltungen und Kriege fördern und Macht und Geld anhäufen, und für die- wenn sie nicht bereuen- die trügerische Illusion eines zeitlichen Wohlstandes eines Tages einem schrecklichen Schicksal weichen wird, das auf sie wartet- fern von Gott- in ewiger Verdammnis.

In der Gesellschaft, Mr, President, bestehen diese beiden Realitäten nebeneinander als ewige Feinde -genau so wie Gott und Satan ewige Gegner sind. Und es scheint so, als ob die Kinder der Finsternis - die wir leicht mit dem "deep state"* identifizieren können, dem Sie weise widerstehen und die in diesen Tagen einen heftigen Krieg gegen Sie führen- beschlossen haben, sozusagen ihre Karten aufzudecken, ihre Pläne zu offenbaren- Sie scheinen schon so sicher zu sein, alles unter Kontrolle zu haben, daß sie die Vorsicht beiseite gelegt haben, die bisher zumindest teilweise ihre wahren Ziele verdeckt hat, Die Untersuchungen, die bereits begonnen haben, werden die Verantwortung derer enthüllen, die die Covid-Krise nicht nur auf dem Gebiet der Gesundheitsfürsorge sondern auch der Politik, Wirtschaft und der Medien gemanagt haben. Man wird wahrscheinlich herausfinden, daß bei dieser kolossalen social-engineering-Operation Leute sind, die das Schicksal der Menschheit entschieden haben -indem sie sich das Recht anmaßen gegen den Willen der Bürger und ihrer Vertreter in den Regierungen der Nationen zu handeln.

Wir werden auch entdecken, daß der Aufruhr dieser Tage von denen provoziert wurden, die gesehen haben, daß das Virus unvermeidlich abklingt und die soziale Unruhe wegen der Pandemie abnimmt, und so zivile Unruhe provozieren mußten, damit diesen Repression folgt, die -wenn auch legitim. als ungerechtfertigte Aggression gegen die Bevölkerung verurteilt werden kann. Das selbe kann man auch über das sagen, was perfekt synchron in Europa passiert und es ist ziemlich klar, daß die Straßenproteste für die Ziele derer ausgenutzt werden, die bei den bevorstehenden Präsidentschaftswahlen jemanden wählen lassen möchten. der ihre Ziele des deep state verkörpert und diese Ziele treu und überzeugt verfolgt. Es wird niemanden wundern, wenn wir in wenigen Monaten wieder erfahren, daß hinter diesen Akten von Vandalismus und Gewalt jene stecken, die hoffen, von der Auflösung der soziale Ordnung zu profitieren und so eine Welt ohne Freiheit *-Solve et Coagula-* wie der freimaurerische Spruch lehrt.

Obwohl es beunruhigend erscheinen mag, finden sich die von mir beschriebenen gegensätzliche Anpassung auch in religiösen Kreisen. Es gibt treue Hirten, die sich um die Herde Christi kümmern, aber es gibt auch ungläubige Söldner, die versuchen, die Herde zu zerstreuen und die Schafe den gefräßigen Wölfen zu überlassen, damit sie verschlungen werden. Es ist nicht überraschend, daß diese Söldner Verbündete der Kinder der Dunkelheit sind und die Kinder des Lichts hassen: So wie es einen deep state gibt, gibt es auch eine deep church, die ihre Pflichten verrät und ihre richtigen Verpflichtungen vor Gott aufgibt. So wie der unsichtbare Feind in öffentlichen Angelegenheiten gegen den gute Herrscher kämpft, so wird auch der gute Hirten im kirchlichen Bereich bekämpft. Es ist ein spiritueller Kampf, über den ich in meinem letzten Appell gesprochen habe, der am 8. Mai veröffentlicht wurde.

Zum ersten Mal in der Geschichte haben die Vereinigten Staaten in Ihnen einen Präsidenten, der mutig das Recht auf Leben verteidigt, der sich nicht schämt, die Verfolgung von Christen auf der ganzen Welt anzuprangern, der von Jesus Christus und dem Recht der Bürger auf Religionsfreiheit spricht. Ihre Teilnahme am March for Life und in jüngerer Zeit Ihre Proklamation des Monats April zum Nationalen Monat zur Verhütung von Kindesmissbrauch sind Maßnahmen, die zeigen, auf welcher Seite Sie kämpfen möchten. Und ich wage zu glauben, daß wir beide in diesem Kampf auf der gleichen Seite stehen, wenn auch mit unterschiedlichen Waffen.

Aus diesem Grund glaube ich, daß der Angriff, dem Sie nach Ihrem Besuch im Nationalschrein des Hl. Johannes Paul II ausgesetzt waren, Teil des orchestrierten Medien-Narrativs ist, das nicht darauf abzielt, Rassismus zu bekämpfen und soziale Ordnung zu schaffen, sondern die Voraussetzungen zu verschlechtern, nicht um Gerechtigkeit zu bringen, sondern um Gewalt und Verbrechen zu legitimieren; nicht um der Wahrheit zu dienen, sondern um eine politische Fraktion zu bevorzugen. Und es ist beunruhigend, daß es Bischöfe gibt -wie die, die ich kürzlich angeprangert habe-, die durch ihre Worte beweisen, daß sie auf die Gegenseite ausgerichtet sind. Sie sind dem deep state, dem Globalismus, dem angepaßten Denken und der Neuen Weltordnung unterworfen, die sie immer häufiger im Namen einer universellen Bruderschaft anrufen, die nichts Christliches an sich hat, die sich aber auf die freimaurerischen Ideale derer beruft, die die Welt beherrschen wollen, indem sie Gott aus den Gerichten, aus den Schulen, aus den Familien und vielleicht sogar aus den Kirchen vertreiben.

Die amerikanische Menschen sind reif und haben jetzt verstanden, wie sehr die mainstream-Medien nicht die Wahrheit verbreiten, sondern sie zum Schweigen bringen und verzerren wollen, um die Lüge zu verbreiten, die für die Zwecke ihrer Herren nützlich ist. Es ist jedoch wichtig, daß die Guten - die die Mehrheit sind - aus ihrer Trägheit erwachen und nicht akzeptieren, von einer Minderheit unehrlicher Menschen zu unzulässigen Zwecken getäuscht zu werden. Es ist notwendig, daß die Guten, die Kinder des Lichts, zusammenkommen und ihre Stimmen hören lassen. Welchen effektiveren Weg gibt es, Herr Präsident, als durch Gebet den Herrn zu bitten, Sie, die Vereinigten Staaten und die gesamte Menschheit vor diesem enormen Angriff des Feindes zu schützen? Vor der Kraft des Gebets werden die Täuschungen der Kinder der Dunkelheit zusammenbrechen, ihre Verschwörungen werden aufgedeckt, ihr Verrat wird aufgezeigt, ihre erschreckende Kraft wird im Nichts enden, ans Licht gebracht und entlarvt als das, was es ist: eine höllische Täuschung.

Mr. President, mein Gebet ist immer ständig auf die geliebte amerikanische Nation gerichtet, in die ich das Privileg und die Ehre hatte von Papst Benedikt XVI als Apostolischer Nuntius gesandt zu werden. In dieser dramatischen und entscheidenden Stunde für die ganze Menschheit bete ich für Sie und auch für alle, die an Ihrer Seite in der Regierung der Vereinigten Staaten stehen. Ich vertraue darauf, daß das amerikanische Volk mit mir und Ihnen im Gebet zum allmächtigen Gott vereint ist.

Vereint gegen den *unsichtbaren Feind* der ganzen Menschheit segne ich Sie und die First Lady, die geliebte amerikanische Nation und alle Männer und Frauen guten Willens.

Carlo Maria Viganò

Titular-Erzbischof von Ulpiana

Ehemaliger Apostolischer Nuntius in den USA

V. Unterwerfung:

Offener Brief von Erzbischof Vigano an Trump: Warnung vor globalem Plan „Great Reset“[5]

Der italienische Erzbischof Carlo Maria Vigano veröffentlichte kurz vor den Wahlen einen Offenen Brief, um vor einer "globalen Verschwörung gegen Gott und die Menschheit" zu warnen. Das Schreiben ist an Präsident Donald Trump gerichtet.

Erzbischof Carlo Maria Vigano veröffentlichte bereits zum zweiten Mal seit Juni einen Offenen Brief an US-Präsident Donald Trump. Darin warnt er vor einem globalen Plan namens „Great Reset“, der von einer Weltelite zur Unterwerfung der gesamten Menschheit schon bald in Aktion treten wird. Der Brief soll am Wochenende in mehreren Ländern und Sprachen erschienen sein, schreibt „Domradio“.

Vigano schreibt in seinem Brief von einem „historischen Augenblick“, der „die Kräfte des Bösen in einem Kampf ohne Ende gegen die Kräfte des Guten vereint; Kräfte des Bösen, die mächtig und organisiert erscheinen, wenn sie sich den Kindern des Lichts entgegenstellen, die desorientiert und unorganisiert sind und von ihren zeitlichen und geistigen Führern im Stich gelassen werden“.

Täglich würden wir spüren, „wie sich die Angriffe derjenigen mehren, die die eigentliche Grundlage der Gesellschaft zerstören wollen: die natürliche Familie, die Achtung vor dem menschlichen Leben, die

---

[5] Vgl. https://www.epochtimes.de/politik/ausland/offener-brief-von-erzbischof-vigano-an-trump-warnung-vor-globalem-plan-great-reset-a3371524.html

Liebe zum Land, die Freiheit der Bildung und des Geschäfts. Wir sehen, wie Staatsoberhäupter und religiöse Führer diesem Selbstmord der westlichen Kultur und ihrer christlichen Seele Vorschub leisten, während die Grundrechte der Bürger und Gläubigen im Namen eines gesundheitlichen Notstands verweigert werden, der sich immer mehr als Instrument zur Errichtung einer unmenschlichen gesichtslosen Tyrannei entpuppt."

Weiter schreibt er, dass ein globaler Plan mit der Bezeichnung „Great Reset" im Gange sei. „Sein Architekt ist eine globale Elite, die die gesamte Menschheit unterwerfen will, indem sie Zwangsmaßnahmen durchsetzt, mit denen die individuellen Freiheiten und die der gesamten Bevölkerung drastisch eingeschränkt werden. In mehreren Ländern wurde dieser Plan bereits genehmigt und finanziert, in anderen befindet er sich noch in einem frühen Stadium. Hinter den Staats- und Regierungschefs der Welt, die Komplizen und Vollstrecker dieses infernalischen Projekts sind, stehen skrupellose Persönlichkeiten, die das Weltwirtschaftsforum und das ‚Event 201' finanzieren und für ihre Agenda werben."

Der Zweck des Great Reset sei die Verhängung einer Gesundheitsdiktatur, so der Erzbischof weiter, die auf die Verhängung libertizider Maßnahmen abziele, „versteckt hinter verlockenden Versprechungen zur Sicherung eines universellen Einkommens und zum Erlass individueller Schulden.

Der Preis für diese Zugeständnisse des Internationalen Währungsfonds sei der Verzicht auf Privateigentum und das Festhalten an einem von Bill Gates in Zusammenarbeit mit den wichtigsten Pharmakonzernen geförderten Impfprogramm gegen Covid-19 und Covid-21.

Abgesehen von den enormen wirtschaftlichen Interessen, die die Befürworter des Great Reset motivieren, wird die Einführung der Impfung mit der Forderung nach einem Gesundheitspass und einem digitalen Ausweis einhergehen, mit der sich daraus ergebenden Kontaktverfolgung der Bevölkerung der ganzen Welt.

Diejenigen, die diese Maßnahmen nicht akzeptieren, werden in Internierungslagern eingesperrt oder unter Hausarrest gestellt, und ihr gesamtes Vermögen wird konfisziert", so der italienische Geistliche.

Er spricht direkt den Präsidenten an, indem er weiter schreibt: „Herr Präsident, ich nehme an, dass Ihnen bereits bekannt ist, dass in einigen Ländern der Great Reset zwischen Ende dieses Jahres und dem ersten Trimester 2021 aktiviert wird. Zu diesem Zweck sind weitere Abriegelungen geplant, die offiziell durch eine angebliche zweite und dritte Welle der Pandemie gerechtfertigt sein werden. Sie wissen sehr wohl, welche Mittel eingesetzt wurden, um Panik zu säen und drakonische Einschränkungen der individuellen Freiheiten zu legitimieren, die auf raffinierte Weise eine weltweite Wirtschaftskrise provozieren."

Nach den Absichten ihrer Planer werde „diese Krise dazu dienen, den Rückgriff der Nationen auf den Great Reset unumkehrbar zu machen und damit einer Welt den letzten Schlag versetzen, deren Existenz und Erinnerung sie vollständig auslöschen wollen. Aber diese Welt, Herr Präsident, umfasst Menschen, Zuneigungen, Institutionen, Glauben, Kultur, Traditionen und Ideale: Menschen und Werte, die sich nicht wie Automaten verhalten, die nicht wie Maschinen gehorchen, weil sie mit einer Seele und einem Herzen ausgestattet sind, weil sie durch ein geistiges Band miteinander verbunden sind, das seine Kraft von oben bezieht, von jenem Gott, den unsere Gegner herausfordern wollen, so wie es Luzifer zu Beginn der Zeit mit seinem „non serviam“ tat.“

Weiter schreibt er, dass es nicht überrasche, dass der Feind verärgert sei, weil er kurz vor seinem Ziel entdeckt wurde. „Gerade als es der Komplizenschaft der Mainstream-Medien gelungen war, den Übergang zur Neuen Weltordnung fast schmerzlos und unbemerkt zu gestalten, kommen alle möglichen Täuschungen, Skandale und Verbrechen ans Tageslicht.“

Bis vor einigen Monaten sei es leicht gewesen, diejenigen als „Verschwörungstheoretiker“ zu verleumden, die diese schrecklichen Pläne anprangerten, „von denen wir heute sehen, dass sie bis ins kleinste Detail ausgeführt werden.“ Niemand hätte bis Februar letzten Jahres gedacht, so der Bischof weiter, „dass in all unseren Städten Bürgerinnen und Bürger verhaftet werden, nur weil sie auf die Straße gehen, atmen, ihr Geschäft offen halten, am Sonntag in die Kirche gehen wollen.“ Doch nun geschehe es überall auf der Welt.

„Und während sich die Politiker in ihren Palästen verbarrikadieren und Dekrete wie persische Satrapen verkünden, scheitern die Geschäfte, schließen die Läden, und die Menschen werden daran gehindert, zu leben, zu reisen, zu arbeiten und zu beten.

Die katastrophalen psychologischen Folgen dieser Operation sind bereits sichtbar, beginnend mit den Selbstmorden verzweifelter Unternehmer und unserer Kinder, die von Freunden und Klassenkameraden getrennt sind und denen gesagt wird, sie sollen ihrem Unterricht folgen, während sie zu Hause allein vor dem Computer sitzen."

Und weiter an Trump gerichtet: „Herr Präsident, Sie haben klar zum Ausdruck gebracht, dass Sie die Nation verteidigen wollen – eine Nation unter Gott, Grundfreiheiten und nicht verhandelbarer Werte, die heute geleugnet und bekämpft werden. Sie, verehrter Präsident, sind es, der sich dem tiefen Staat, dem letzten Angriff der Kinder der Finsternis, „entgegenstellt".

Aus diesem Grund sei es notwendig, „alle Menschen guten Willens von der epochalen Bedeutung der bevorstehenden Wahl zu überzeugen", so Vigano weiter.

Um Trump herum seien Menschen mit Glauben und Mut versammelt. Die einzige Alternative, die die Menschheit jetzt habe, sei „für eine Person zu stimmen, die vom tiefen Staat manipuliert und durch Skandale und Korruption ernsthaft kompromittiert wird, die den Vereinigten Staaten das antun wird, was Jorge Mario Bergoglio der Kirche, Premierminister Conte Italien, Präsident Macron Frankreich, Premierminister Sanchez Spanien und so weiter antut.

Die Erpressbarkeit von Joe Biden – genau wie die der Prälaten des ‚magischen Zirkels' des Vatikans – wird dazu führen, dass er skrupellos benutzt wird und illegitime Kräfte sich sowohl in die

Innenpolitik als auch in die internationalen Gleichgewichte einmischen können. Es liegt auf der Hand, dass diejenigen, die ihn manipulieren, bereits jemanden bereit haben, der schlimmer ist als er, und mit dem sie ihn ersetzen werden, sobald sich die Gelegenheit dazu bietet", warnt der Bischof in seinem Schreiben.

Und doch tauche „inmitten dieses düsteren Bildes", ein „Element der Hoffnung" auf. Der Widersacher wisse „nicht zu lieben", schreibt Vigano, und er verstehe nicht, „dass es nicht ausreicht, ein allgemeines Einkommen zu sichern oder Hypotheken zu kündigen, um die Massen zu unterjochen und sie davon zu überzeugen, wie Vieh gebrandmarkt zu werden." Und weiter:

Dieses Volk, das allzu lange die Missbräuche einer hasserfüllten und tyrannischen Macht erduldet hat, entdeckt wieder, dass es eine Seele hat; es versteht, dass es nicht bereit ist, seine Freiheit gegen die Homogenisierung und Aufhebung seiner Identität einzutauschen; es beginnt den Wert der familiären und sozialen Bindungen, der Bande des Glaubens und der Kultur zu verstehen, die ehrliche Menschen vereinen."

Damit sei der „Great Reset" zum Scheitern verurteilt, weiß der Bischof, und „weil diejenigen, die ihn geplant haben, nicht verstehen, dass es immer noch Menschen gibt, die bereit sind, auf die Straße zu gehen, um ihre Rechte zu verteidigen, um ihre Lieben zu schützen, um ihren Kindern und Enkeln eine Zukunft zu geben.

Die nivellierende Unmenschlichkeit des globalistischen Projekts wird angesichts des entschlossenen und mutigen Widerstands der Kinder des Lichts kläglich zerbrechen. Der Feind hat Satan auf seiner Seite, Er, der nur zu hassen versteht. Aber auf unserer Seite haben wir den Herrn, den Allmächtigen, den Gott der zum Kampf gerüsteten Armeen, und die Allerheiligste Jungfrau, die den Kopf der alten Schlange zermalmen wird. ‚Wenn Gott für uns ist, wer kann dann gegen uns sein?‘ (Röm 8,31)."

Und nochmals an den Präsidenten gerichtet: „Herr Präsident, Sie wissen sehr wohl, dass die Vereinigten Staaten von Amerika in dieser entscheidenden Stunde als die Verteidigungsmauer betrachtet werden, gegen die der von den Befürwortern des Globalismus erklärte Krieg entfesselt worden ist. Setzen Sie Ihr Vertrauen auf den Herrn, gestärkt durch die Worte des Apostels Paulus: „Alles kann ich tun in dem, der mich stärkt" (Phil 4,13). Ein Werkzeug der göttlichen Vorsehung zu sein, ist eine große Verantwortung, für die Sie sicherlich alle Gnaden des Staates erhalten werden, die Sie brauchen. Die vielen Menschen sehnen sich inbrünstig danach und unterstützen Sie mit ihren Gebeten."

Wie Domradio zudem berichtet, initiierte Vigano auch einen Aufruf, indem davor gewarnt wird, die Corona-Pandemie zu nutzen, um eine „Weltregierung" zu schaffen, „die sich jeder Kontrolle entzieht". Der Aufruf wurde von Kardinal Müller, Hongkongs Kardinal Joseph Zen Ze-kiun sowie anderen katholischen Geistlichen, Medizinern, Journalisten und Anwälten unterzeichnet. Kurienkardinal Robert Sarah, Leiter der vatikanischen Gottesdienstkongregation, zog seine anfängliche Zusage einer Unterschrift zurück.

VI. Unterdrückung:

Rettung oder Abgrund: Was steckt hinter dem „Great Reset“?[6]

Mit dem Begriff „Verschwörungstheorie“ wird heutzutage gerne vieles bezeichnet, was nicht zu aktuellen Narrativen der Meinungsmacher passt, also in unserem Land die Medien – so wie wir, die Politik oder die Wissenschaft.

Da die eben genannten nun auch nicht immer ganz frei von eigenen Interessen sind oder von Lobbyisten beeinflusst sein könnten, sind wir als Bürger oft selbst gerufen, herauszufinden und zu entscheiden, wo und auf welcher Seite denn nun die Wahrheit liegt.

Oft gehen die Meinungen weit auseinander, so auch bei dem Thema, mit dem wir uns in den letzten Episoden befassten, nämlich mit dem vermeintlichen Wahlbetrug in den USA. Dort werden wohl am Ende die Gerichte entscheiden, wo denn nun die Wahrheit liegt.

Heute möchten wir uns zuerst mit einem Thema befassen, das nicht weniger kontrovers diskutiert wird, nämlich dem „Great Reset“ – oder zu Deutsch: „Der Große Neustart“. „The Great Reset“ wird in der Politik offen diskutiert. Das Weltwirtschaftsforum bewirbt ihn groß auf seiner Website und die Führer dieser Welt loben den „Great Reset“ als etwas Heilbringendes. Das Klima werde „gerettet“, der Hunger aller Menschen gestillt, die sozialen Probleme dieser Welt gelöst – ein wahres Paradies auf Erden. Oder etwa nicht?

---

6 Vgl. https://www.epochtimes.de/politik/ausland/rettung-oder-abgrund-was-steckt-hinter-dem-great-reset-a3394620.html

Erster und zweiter Offener Brief des ehemaligen Erzbischofs des Vatikans Carlo Maria Viganò

Am 25. Oktober 2020 richtete der ehemalige Erzbischof des Vatikans Carlo Maria Viganò einen zweiten Offenen Brief an US-Präsident Donald Trump. Schon in seinem ersten Brief vom Juni gab der ehemalige apostolische Nuntius außergewöhnliche Einblicke in die gegenwärtige Situation in Amerika.

Auf Twitter teilte US-Präsident Trump den ersten Offenen Brief mit der Öffentlichkeit und sagte, er hoffe, dass ihn alle lesen würden.

So honored by Archbishop Viganò's incredible letter to me. I hope everyone, religious or not, reads it! https://t.co/fVhkCz89g5

— Donald J. Trump (@realDonaldTrump) June 10, 2020

Hier werden wir nun zuerst aus dem zweiten Brief des Erzbischofs zitieren. Viganò schreibt darin an Präsident Donald Trump:

Ein globales Projekt namens ‚The Great Reset' ist im Gange.

Er ist entworfen von einer globalen Elite, die die gesamte Menschheit unterdrücken will, indem sie Zwangsmaßnahmen ergreift, die die Freiheit des Einzelnen und der allgemeinen Bevölkerung radikal einschränken. Die Führer der Welt sind die Komplizen und Vollstrecker dieses höllischen Plans und hinter ihnen steht eine Gruppe unmoralischer Menschen, die den Prozess vorantreibt.

Das Ziel des ‚Great Reset' ist es, eine Diktatur unter dem Banner der ‚Gesundheitserhaltung' zu errichten; die Freiheit aufgrund einer Pandemie zu ersticken; Gesundheitspässe und digitale Personalausweise einzuführen; die Kontakte zwischen Menschen der ganzen Welt zu verfolgen; diejenigen, die sich widersetzen, zu inhaftieren oder unter Hausarrest zu stellen und sogar Eigentum zu konfiszieren, um eine ‚globale Tyrannei' zu errichten."

Der Brief geht weiter:

Aber bevor dieser Plan sein wahres Gesicht offenbart, wird den Bürgern dieser Welt ein universelles Einkommen garantiert oder die Menschen werden mit Dingen wie ‚persönlichem Schuldenerlass' geködert, um sie gefügig zu machen. In einigen Ländern sind solche Programme bereits genehmigt und finanziert, in anderen Ländern befinden sie sich noch im Anfangsstadium der Entwicklung."

Soweit also ein Auszug aus dem zweiten Brief Viganòs an den amerikanischen Präsidenten.

Das ist, wie gesagt, nicht etwas, was wir hier von FRONTAL sagen. Es ist das, was der ehemalige Erzbischof des Vatikans an den amtierenden Präsidenten der USA geschrieben hat. Natürlich hat dieser Brief einiges an Aufsehen erregt, deshalb möchten wir hier im Laufe der Sendung auch näher darauf eingehen.

Aber zunächst lesen wir noch einen Absatz aus dem ersten Brief vom 7. Juni dieses Jahres, den Präsident Trump dann auch auf seinem Twitter-Account mit einer Leseempfehlung veröffentlicht hat.

In diesem ersten Brief sagt Viganò, dass

eine Schattenregierung – auch Deep State genannt – die sich für die ‚Neue Weltordnung' einsetzt, global vernetzt ist. Es handelt sich um eine kleine Gruppe, die jedoch sehr mächtig ist. Sie kontrolliert Regierungen, politische Parteien, die Finanzen und Wirtschaft der Welt sowie die Medien. Die kleine Gruppe gibt eine scheinheilige moralische Überlegenheit vor. Sie sagen die nettesten Dinge, haben aber die bösesten Absichten. Sie arbeiten mit den schlechtesten und egoistischen Menschen dieser Welt Hand in Hand oder nutzen die Menschen aus, die aus Angst um Leib und Leben alles machen, was diese kleine Gruppe fordert. Sie kidnappen die guten Menschen dieser Welt und freuen sich auf den Niedergang der heutigen Gesellschaftsform und die Errichtung ihrer Neuen Weltordnung."

Soweit also der Erzbischof.

Es ist nun allzu gut zu verstehen, dass all dies von unseren Medien leichthin als „Verschwörungstheorie" abgetan wird. Tatsächlich klingt es auch ziemlich unglaublich. Doch schauen wir uns an, was derzeit auf der Welt alles passiert. Es gibt, und das werden auch kritische Geister kaum bestreiten können, viele Hinweise auf eine große Umwälzung in der Gesellschaft.

„Build Back Better" und „Reset"

Im Frühjahr 2015 erzielten die Vereinten Nationen in Japan auf der Weltkonferenz zur Reduzierung des Katastrophenrisikos mit vielen Ländern der Welt einen Konsens darüber, dass eines der Schlüsselelemente das Programm „Build Back Better" („BBB") ist.

Seitdem ist dieser Plan zum Mantra vieler Politiker, großer Unternehmen und Umweltschutzorganisationen geworden. Warum verwenden Unternehmer und Führungskräfte diesen Satz immer und immer wieder? Viele Menschen fragen sich bereits, ob hinter all dem eine Art Zusammenhang besteht und ob das alles nur ein anderer Name für den „Großen Reset" sein könnte.

Vom britischen Premierminister Boris Johnson in Europa über die pakistanische Regierung in Südasien bis hin zu bekannten Politikern in nordamerikanischen Ländern wird das „Build Back Better"-Programm immer wieder erwähnt.

Der kanadische Premierminister Justin Trudeau stellte fest, dass „BBB"" die Unterstützung der Schwächsten bedeute. Gleichzeitig verstärke es die Dynamik zur Verwirklichung der Ziele der sogenannten „Agenda 2030 für nachhaltige Entwicklung". Kanada werde dabei helfen, so der Premierminister. Weiter sagte Trudeau: „Die derzeitige Pandemie bietet die Gelegenheit zu diesem Reset. Dies ist unsere Chance, unsere Bemühungen im Angesicht der Pandemie zu beschleunigen, um Wirtschaftssysteme neu zu gestalten und die globalen Herausforderungen wie extreme Armut, Ungleichheit und Klimawandel tatsächlich anzugehen."

Trudeaus Rede hat im Internet großes Aufsehen erregt. Es gibt darin zwei Schlüsselworte: Das eine lautet „Build Back Better" – das erwähnte „BBB"-Programm – und das andere Wort lautet „Reset".

Joe Biden und sein buildbackbetter.gov

Joe Biden von den Demokraten hat seine Wahlkampagne für die Präsidentschaft unter dem Slogan „Build Back Better" geführt. Seine Website, die die Inhalte einer Übergangsregierung darstellt, heißt buildbackbetter.gov.

In seinem ersten Offenen Brief an Präsident Trump im Juni erwähnte Erzbischof Carlo Maria Viganò:

Es ist ganz klar, dass der Einsatz von Straßenprotesten den Zielen derjenigen dient, die sich wünschen, dass bei den bevorstehenden Präsidentschaftswahlen jemand gewählt wird, der die Ziele des ‚tiefen Staates' verkörpert und diese Ziele getreu und mit Überzeugung umsetzen wird. Es wird nicht überraschen, wenn wir in einigen Monaten wieder einmal erfahren, dass sich hinter diesen Akten des Vandalismus und der Gewalt diejenigen verbergen, die hoffen, von der Auflösung der Gesellschaftsordnung zu profitieren, um eine Welt ohne Freiheit aufzubauen."

Natürlich drängt sich die Frage auf, ob Viganò mit diesem „jemand" Joe Biden gemeint haben könnte.

Sebastian Friebel und 24-seitiges PDF: „Wie soll es weitergehen?"

Im September dieses Jahres ist ein 24-seitiges PDF-Dokument mit dem Namen „Wie soll es weitergehen?" eines zunächst anonymen Mitarbeiters des Deutschen Bundestages auf einem Blog veröffentlicht worden, in dem steht, welche Informationen der

Bevölkerung gerade vorenthalten werden. Darin heißt es unter anderem, dass das „Große Reset"-Projekt in Wirklichkeit die Vierte Industrielle Revolution einleiten würde.

Inzwischen hat sich der Informant zu erkennen gegeben, um Spekulationen über seine Existenz auszuräumen. Sebastian Friebel war Zeitsoldat, hat eine Kfz-Lehre plus Meisterschule und ein Studium der erneuerbaren Energien hinter sich, war früher SPD-Mitglied und zuletzt als parlamentarischer Berater für die AfD-Fraktion tätig. Seine Beobachtungen und Erkenntnisse stützen sich auf frei verfügbare Quellen. Der ehemalige Parlamentsmitarbeiter warnt zum Beispiel davor, dass das Parlament der zunehmenden Einflussnahme von Konzernen kaum etwas entgegensetzt.

Friebel schrieb über die „Risiken des Great Reset":

Dieser ‚Neustart der Globalisierung' birgt für den Großteil der Weltbevölkerung enorme Risiken. Dies gilt insbesondere für Industrienationen wie Deutschland, denn die Pläne der Konzerne sehen einen beispiellosen Stellenabbau durch Digitalisierung, eine vollständige Verdrängung des Mittelstands sowie die Aushebung der Nationalstaaten in wirtschaftspolitischen Angelegenheiten vor.

Eine nur kleine Anzahl von Unternehmen der Finanz- und Digitalwirtschaft würde damit demokratiegefährdende Einflussmöglichkeiten erlangen, was nicht im Interesse der Bevölkerung sein kann", so Friebel.

Der frühere parlamentarische Berater schreibt weiter:

Parallel zur angestrebten Machtverschiebung sorgen die Regierungen mit den Corona-Maßnahmen dafür, dass weite Teile des Mittelstands im Verlauf der Krise von Konzernen und Finanzinvestoren aufgekauft werden können. Ähnlich bedenkliche Entwicklungen sind seit längerem auch in der Landwirtschaft zu beobachten.

Gleichzeitig nutzt man Corona als Vorwand für einen breiten Stellenabbau, der eine Grundvoraussetzung für die „vierte industrielle Revolution", also die digitale Transformation der Wirtschaft, darstellt. Diese Vorgehensweise entspricht der Agenda des ‚Great Reset' und hat mit dem Schutz der Bevölkerung leider nicht viel zu tun.

Ich appelliere daher insbesondere an alle kleinen und mittelständischen Unternehmer, sich gegen diese Bestrebungen zu wehren. Auch für die meisten Arbeitnehmer stellen diese energisch vorangetriebenen Pläne eine existenzielle Bedrohung dar, weil eine durchdigitalisierte, vollständig zentralisierte Weltwirtschaft mit deutlich weniger Arbeitskräften auskommen wird."

„Die Straße der Digitalisierung führt also direkt in Richtung bedingtes (also: nicht bedingungsloses) Grundeinkommen und damit in die totale Abhängigkeit. Oder, wie Siemens-Vorstand Joe Kaeser es ausdrückte:

‚Die Digitalisierung wird die Mittelschicht verdrängen [...] Und von zehn Betroffenen wird nur einer gesellschaftlich aufsteigen, neun werden absteigen. Und ich garantiere Ihnen: Wenn es etwas gibt, das die digitale Bewegung stoppen wird, dann werden es gesellschaftliche Unruhen sein.'"

Alles nur „Verschwörungstheorie"?

Was steckt hinter den Aussagen von Friebel? Ist das alles nur eine „weitere Verschwörungstheorie"?

Offenbar nicht, denn auch Klaus Schwab, der Gründer des Weltwirtschaftsforums oder WEF für World Economic Forum, spricht vom „Great Reset". Im Juli dieses Jahres hat er ein Buch mit dem Titel „COVID-19: The Great Reset" veröffentlicht. Das Weltwirtschaftsforum, das bislang jährlich im schweizerischen Davos stattgefunden hat, gilt als eine der wenigen Gelegenheiten, bei denen die Tycoons der Globalisierung über das Schicksal der Menschheit diskutieren.

Deutschland verabschiedet autoritäres Gesetz – Wasserwerfer gegen Demonstranten

Am 18. November 2020 verabschiedeten der deutsche Bundestag und Bundesrat im Schnellverfahren eine Änderung des Infektionsschutzgesetzes und entschieden mehrheitlich, dass sich Deutschland wegen der Pandemie weiterhin im Ausnahmezustand befindet. Mehr als 10.000 Menschen versammelten sich zum Protest, wurden aber von der Polizei mit Wasserwerfern vertrieben.

Grund für die massiven Proteste gegen dieses Gesetz ist, dass dies der Bundesregierung erlaubt, ohne parlamentarische Kontrolle wichtige Grundrechte auf unbestimmte Zeit drastisch einzuschränken, wie zum Beispiel das Parlament zu umgehen und direkt Gesetze zu erlassen, die es den Menschen aus Gründen der Pandemieprävention verbieten, nach draußen zu gehen, mit der Außenwelt zu kommunizieren, sich geschäftlich zu betätigen oder religiöse Versammlungen abzuhalten. Um den Ernst der Lage noch deutlicher auszudrücken: Das deutsche Parlament hat angesichts einer Pandemie dann keine Wirkung mehr, die Regierung wäre in so einem Fall für alles zuständig. Diese Novellierung des Infektionsschutzgesetzes erscheint sehr stark wie ein autoritäres Gesetz.

Widerstand gegen Trump

Warum beeilten sich die deutschen Politiker – angeführt von Bundeskanzlerin Angela Merkel – sowie deutsche Stars und den Medien so sehr, Joe Biden zu gratulieren, noch bevor sich der Staub der US-Wahl gelegt hat und ein Sieger offiziell feststand? Dem Offenen Brief von Erzbischof Carlo Maria Viganò zufolge könnte man fast schließen, dass Biden der Mann ist, der für die Vereinigten Staaten von der Schattenregierung ausgewählt wurde.

Dem gegenüber steht der derzeitige Präsident Trump, der von vielen seiner Wähler geradezu wie ein „Auserwählter" gefeiert wird und der nach seinen eigenen Aussagen eben gegen dieses Übel der Schattenregierung arbeitet.

Die USA wurde im erbitterten Kampf gegen die kommunistischen Kräfte dieser Welt oft als „Leuchtturm der Freiheit" bezeichnet.

Solange dieser Leuchtturm leuchtet, gibt es Hoffnung auf Freiheit in der Welt. Wenn die USA fallen, welches Land kann Amerika dann im Kampf gegen den Kommunismus ersetzen?

Dies haben natürlich auch die Gegenspieler der freien Welt gesehen und das ist möglicherweise auch einer der Gründe dafür, dass es gegen Donald Trump seit seinem Amtsantritt vor vier Jahren so viel Widerstand gab und bis heute weiterhin gibt.

Antifa bedroht Trump direkt

Ein Mitglied der ultralinken Antifa-Gruppe in Pittsburgh, US-Bundesstaat Pennsylvania, hat vor und nach der Wahl Drohungen gegen Trump-Anhänger getwittert und sogar Präsident Trump selbst in einem Tweet am 20. November direkt bedroht. In dem Post heißt es:

Wir sind bewaffnet und bereit loszumarschieren und wenn Sie bis Sonntag Mittag nicht nachgeben, werden wir damit beginnen, Straßen in konservativen Gebieten zu blockieren."

Tatsächlich haben sich solche Vorfälle bereits am vergangenen Samstag, 21. November, in Washington D.C. ereignet, als eine Gruppe von Antifa-Mitgliedern durch die Straßen der amerikanischen Hauptstadt marschierte und den Verkehr zum Erliegen brachte.

Die republikanischen Funktionäre, die Präsident Trump dabei halfen, die Fairness der Wahl aufrechtzuerhalten, wurden wiederholt von der Linken bedroht und erhielten sogar Morddrohungen. Im Wayne County, im US-Bundesstaat Michigan, wo es vermeintlich zu größerem Betrug bei der Wahl kam, wurden die beiden Republikaner, die das Wahlergebnis zunächst nicht bestätigen wollten, bedroht und eingeschüchtert.

Der demokratische Gouverneur von Pennsylvania, Tom Wolf, hat Biden am 24. November in Pennsylvania inmitten noch laufender Rechtsstreitigkeiten offiziell zum Sieger erklärt, womit Biden auch die 20 Wahlmännerstimmen des Staates zugesprochen wurden. In Georgia wurde am selben Tag eine Neuauszählung eröffnet, doch Staatssekretär Brad Raffensperger sagte am Tag zuvor, dass er die Unterschriften der Briefwahlscheine, wie vom Trump-Team gefordert, nicht überprüfen wolle, da er Bedenken hinsichtlich der „Privatsphäre der Wähler" habe. Dies wirft nach wie vor einen Schatten auf die Echtheit des Ergebnisses der inzwischen abgeschlossenen Neuauszählung.

In der Nacht vom 23. November verschickte der bekannte Anwalt und Mitglied von Trumps Rechtsteam Lin Wood zwei Tweets im Zusammenhang mit Raffensperger und dem Gouverneur von Georgia, Brian Kemp. Im ersten Tweet veröffentlichte Lin Wood eine Klageschrift, die er am 23. November gegen Raffensperger einreichte. In der Klageschrift wird erwähnt, dass es Video-Beweismaterial gebe, das in der State Farm Arena in Fulton County, Georgia, aufgenommen wurde, wo der vermeintliche Wahlbetrug stattgefunden haben soll.

Es gibt mehr und mehr Fakten, Indizien und Hinweise, die dafür sprechen, dass es einen Wahlbetrug in großem Ausmaß tatsächlich gegeben haben könnte. Einiges davon haben wir in den vorangegangenen Episoden schon dargelegt und werden das Thema auch in den kommenden Sendungen weiter verfolgen.

VII. Apostolischer Nuntius:

Offener Brief von Carlo Maria Viganò an Präsident Trump[7]

(Übersetzung aus Q4941)

OFFENER BRIEF

AN DEN PRÄSIDENTEN

DER VEREINIGTEN STAATEN VON AMERIKA

DONALD J. TRUMP

Sonntag, 25. Oktober 2020

Das Hochfest Christi, des Königs

Herr Präsident,

gestatten Sie mir, zu dieser Stunde zu Ihnen zu sprechen, in der das Schicksal der gesamten Welt von einer globalen Verschwörung gegen Gott und die Menschheit bedroht wird. Ich schreibe Ihnen als Erzbischof, als Nachfolger der Apostel, als Erster Apostolischer Nuntius in den Vereinigten Staaten von Amerika. Ich schreibe Ihnen inmitten des Schweigens sowohl der zivilen als auch der religiösen Autoritäten. Mögen Sie diese meine Worte akzeptieren als „die Stimme dessen, der in der Wüste schreit" (Joh 1,23).

Wie ich bereits im Juni in meinem Brief an Sie schrieb, sieht dieser historische Moment die Kräfte des Bösen in einem Kampf ohne

---

[7] Vgl. https://global-change.blogspot.com/2020/10/offener-brief-von-carlo-maria-vigano.html

Ende gegen die Kräfte des Guten vereint; Kräfte des Bösen, die mächtig und organisiert erscheinen, wie sie sich den Kindern des Lichts entgegenstellen, welche *[Letzteren]* desorientiert und unorganisiert sind und von ihren weltlichen und spirituellen Führern im Stich gelassen werden.

Täglich spüren wir, wie sich die Angriffe derjenigen mehren, die die eigentliche Grundlage der Gesellschaft zerstören wollen: die natürliche Familie, die Achtung vor dem menschlichen Leben, die Liebe zur Heimat, die Freiheit der Bildung und des Broterwerbs. Wir sehen, wie Staatsoberhäupter und religiöse Führer diesem Selbstmord der westlichen Kultur und ihrer christlichen Seele Vorschub leisten, während die Grundrechte der Bürger und Gläubigen im Namen eines gesundheitlichen Notstands verweigert werden, der sich immer mehr als Instrument zur Errichtung einer unmenschlichen gesichtslosen Tyrannei entpuppt.

Ein globaler Plan, ***Great Reset*** genannt, ist auf dem Weg. Dessen Architekt ist eine globale Elite, die die gesamte Menschheit unterwerfen will, indem sie Zwangsmaßnahmen ergreift, mit denen die individuellen Freiheiten und die der gesamten Bevölkerung drastisch eingeschränkt werden. In mehreren Ländern wurde dieser Plan bereits genehmigt und finanziert, in anderen befindet er sich noch in einem frühen Stadium. Hinter den Staats- und Regierungschefs der Welt, die Komplizen und Vollstrecker dieses infernalischen Projekts sind, stehen skrupellose Persönlichkeiten, die das Weltwirtschaftsforum (World Economic Forum) und das

Event 201 finanzieren und ihre *[der Persönlichkeiten]* Agenda vorantreiben.

Der Zweck des Great Reset ist die Verhängung einer Gesundheitsdiktatur, die auf den Erlass freiheitstötender Maßnahmen abzielt, die sich hinter verlockenden Versprechungen zur Sicherung eines universellen Einkommens und zum Erlass individueller Schulden verstecken. Der Preis für diese Zugeständnisse des Internationalen Währungsfonds werden der Verzicht auf Privateigentum und das Durchsetzen eines von Bill Gates in Zusammenarbeit mit den wichtigsten Pharmakonzernen geförderten Impfprogramms gegen Covid-l9 und Covid-21 sein. Abgesehen von den enormen wirtschaftlichen Interessen, die die Befürworter des Great Reset motivieren, wird die Einführung der Impfung mit der Forderung nach einem Gesundheitspass und einem digitalen Ausweis einhergehen, mit der sich daraus resultierenden Kontaktverfolgung der Bevölkerung der ganzen Welt. Diejenigen, die diese Maßnahmen nicht akzeptieren, werden in Internierungslagern eingesperrt oder unter Hausarrest gestellt, und ihr gesamtes Vermögen wird konfisziert.

Herr Präsident, ich nehme an, dass Ihnen bereits bekannt ist, dass in einigen Ländern der Great Reset zwischen Ende dieses Jahres und dem ersten Quartal 2021 aktiviert wird. Zu diesem Zweck sind weitere Lockdowns geplant, die offiziell durch eine angebliche zweite und dritte Welle der Pandemie gerechtfertigt sein werden. Sie wissen sehr wohl, welche Mittel eingesetzt wurden, um Panik zu säen und drakonische Einschränkungen der individuellen Freiheiten zu legitimieren, die auf raffinierte Weise eine weltweite Wirtschaftskrise provozieren. Nach den Absichten ihres Architekten wird diese Krise dazu dienen, den Rückzug der Nationen auf den Great Reset unumkehrbar zu machen und damit einer Welt den letzten Schlag zu versetzen, deren Existenz und Erinnerung sie vollständig auslöschen wollen. Aber diese Welt, Herr Präsident, umfasst Menschen, Sympathien, Institutionen, Glauben, Kultur, Traditionen und Ideale: Menschen und Werte, die sich nicht wie Automaten verhalten, die nicht wie Maschinen gehorchen, weil sie mit einer Seele und einem Herzen ausgestattet sind, weil sie durch ein geistiges Band miteinander verbunden sind, das seine Kraft von oben bezieht, von jenem Gott, den unsere Gegner herausfordern wollen, so wie Luzifer zu Beginn der Zeit mit seinem „Non serviam" *[Ich werde nicht dienen]*.

Viele Menschen – wie wir wohl wissen – sind verärgert über diesen Hinweis auf den Zusammenprall zwischen Gut und Böse und den Gebrauch „apokalyptischer" Obertöne, der ihrer Meinung nach die Geister verärgert und die Spaltungen verschärft. Es ist nicht überraschend, dass der Feind verärgert ist, gerade dann entdeckt zu werden, wenn er glaubt, die Zitadelle erreicht zu haben, die er ungestört erobern will. Überraschend ist jedoch, dass es niemanden gibt, der Alarm schlägt. Die Reaktion des tiefen Staates auf diejenigen, die seinen Plan anprangern, ist gebrochen und inkohärent, aber verständlich. Gerade als es der Komplizenschaft der Mainstream-Medien gelungen war, den Übergang zur Neuen Weltordnung fast schmerzlos und unbemerkt zu gestalten, kommen alle möglichen Täuschungen, Skandale und Verbrechen ans Tageslicht.

Bis vor einigen Monaten war es leicht, diejenigen als „Verschwörungstheoretiker“ zu verleumden, die diese schrecklichen Pläne anprangerten, von denen wir heute sehen, dass sie bis ins kleinste Detail ausgeführt werden. Niemand hätte bis Februar diesen Jahres gedacht, dass in all unseren Städten Bürgerinnen und Bürger verhaftet werden würden, nur weil sie auf die Straße gehen, atmen, ihr Geschäft offen halten wollen, am Sonntag in die Kirche gehen wollen.

Doch nun geschieht es überall auf der Welt, sogar im Postkartenidyll Italien, das viele Amerikaner für ein kleines verzaubertes Land halten, mit seinen antiken Denkmälern, seinen Kirchen, seinen bezaubernden Städten, seinen charakteristischen Dörfern. Und während sich die Politiker in ihren Palästen verbarrikadieren und Dekrete verkünden, als wären sie persische Satrapen, scheitern die Geschäfte, schließen die Läden, und die Menschen werden daran gehindert, zu leben, zu reisen, zu arbeiten und zu beten. Die katastrophalen psychologischen Folgen dieser Operation sind bereits sichtbar, beginnend mit den Selbstmorden verzweifelter Unternehmer, oder an unseren Kindern, die von Freunden und Klassenkameraden getrennt sind und denen gesagt wird, sie sollen dem Unterricht folgen, während sie zu Hause allein vor dem Computer sitzen.

In der Heiligen Schrift spricht der heilige Paulus zu uns von „dem, der sich widersetzt“: der Manifestation des Geheimnisses der

Ungerechtigkeit, dem Kathèkon (2 Thess 2,6-7). Im religiösen Bereich ist dieses Hindernis für das Böse die Kirche und insbesondere das Papsttum; im politischen Bereich sind es diejenigen, die die Errichtung der Neuen Weltordnung behindern.

Wie jetzt klar ist, hat *[aber]* derjenige, der den Stuhl Petri innehat, von Anfang an seine Rolle verraten, um die globalistische Ideologie zu verteidigen und zu fördern und die Agenda der tiefen Kirche zu unterstützen, die ihn aus ihren Reihen gewählt hat

Herr Präsident, Sie haben klar zum Ausdruck gebracht, dass Sie die Nation verteidigen wollen – Eine Nation unter Gott, Grundfreiheiten und nicht verhandelbare Werte, die heute geleugnet und bekämpft werden. Sie, lieber Präsident, sind es, der sich dem tiefen Staat, dem letzten Angriff der Kinder der Finsternis, „widersetzt".

Aus diesem Grund ist es notwendig, dass alle Menschen guten Willens von der epochalen Bedeutung der bevorstehenden Wahl überzeugt werden: nicht so sehr um dieses oder jenes politischen Programms willen, sondern wegen der allgemeinen Inspiration Ihrer Handlungen, die – in diesem besonderen historischen Kontext – jene Welt, unsere Welt, am besten verkörpern, die man mit dem Lockdown auslöschen will. Ihr Widersacher ist auch unser Widersacher: Es ist der Feind des Menschengeschlechts, er, der „von Anfang an ein Mörder" ist (Joh 8:44).

Um Sie herum sind mit Glauben und Mut diejenigen versammelt, die Sie für die letzte Bastion gegen die Weltdiktatur ansehen. Die Alternative ist, für eine Person zu stimmen, die vom tiefen Staat manipuliert und durch Skandale und Korruption ernsthaft kompromittiert ist, die den Vereinigten Staaten das antun wird, was Jorge Mario Bergoglio der Kirche, Premierminister Conte Italien, Präsident Macron Frankreich, Premierminister Sanchez Spanien und so weiter antut. *[Und Merkel Deutschland, Kurz Österreich – die Liste ist wirklich sehr, sehr lang]*. Die Erpressbarkeit von Joe Biden – genau wie die der Prälaten des „magischen Zirkels" des Vatikans – wird dazu führen, dass er skrupellos benutzt wird und illegitime Kräfte sich sowohl in die Innenpolitik als auch in die internationalen Gleichgewichte einmischen können. Es liegt auf der Hand, dass diejenigen, die ihn *[Joe Biden]* manipulieren, bereits jemanden bereit haben, der schlimmer ist als er, und mit dem sie ihn ersetzen werden, sobald sich die Gelegenheit dazu bietet. *[Gemeint ist ziemlich sicher Kamala Harris bzw. die Demenz von Joe Biden]*.

Inmitten dieses düsteren Bildes, dieses scheinbar unaufhaltsamen Vormarschs des „Unsichtbaren Feindes", taucht jedoch ein Element der Hoffnung auf. Der Gegner weiß nicht, wie man liebt, und er versteht nicht, dass es nicht ausreicht, ein allgemeines Einkommen zu sichern oder Hypotheken zu streichen, um die Massen zu unterjochen und sie davon zu überzeugen, wie Vieh gebrandmarkt zu werden. Dieses Volk, das allzu lange die Missbräuche einer hasserfüllten und tyrannischen Macht erduldet hat, entdeckt wieder, dass es eine Seele hat; es versteht, dass es nicht bereit ist, seine Freiheit gegen die Homogenisierung und Aufhebung seiner Identität einzutauschen; es beginnt den Wert der familiären und sozialen Bindungen, der Bande des Glaubens und der Kultur zu verstehen, die ehrliche Menschen vereinen. Dieser Great Reset ist zum

Scheitern verurteilt, weil diejenigen, die ihn geplant haben, nicht verstehen, dass es immer noch Menschen gibt, die bereit sind, auf die Straße zu gehen, um ihre Rechte zu verteidigen, um ihre Lieben zu schützen, um ihren Kindern und Enkeln eine Zukunft zu geben. Die nivellierende Unmenschlichkeit des globalistischen Projekts wird angesichts des entschlossenen und mutigen Widerstands der Kinder des Lichts kläglich zerbrechen. Der Feind hat Satan auf seiner Seite, ihn, der nur zu hassen versteht. Aber auf unserer Seite haben wir den Herrn, den Allmächtigen, den Gott der zum Kampf gerüsteten Armeen, und die Allerheiligste Jungfrau, die den Kopf der alten Schlange zermalmen wird. „Wenn Gott für uns ist, wer kann dann gegen uns sein?“ (Röm 8,31).

Herr Präsident, Sie wissen sehr wohl, dass die Vereinigten Staaten von Amerika in dieser entscheidenden Stunde als die Brandmauer betrachtet werden, gegen die der von den Befürwortern des Globalismus erklärte Krieg entfesselt worden ist. Setzen Sie Ihr Vertrauen auf den Herrn, gestärkt durch die Worte des Apostels Paulus: „Alles kann ich tun in Dem, Der mich stärkt“ (Phil 4,13). Ein Werkzeug der göttlichen Vorsehung zu sein, ist eine große Verantwortung, für die Sie sicherlich jeden benötigten Zustand der Gnade erhalten werden, denn dieser wird von den vielen Menschen, die Sie mit ihren Gebeten unterstützen, inbrünstig für Sie erfleht.

Mit dieser himmlischen Hoffnung und der Gewissheit meines Gebets für Sie, für die First Lady und für Ihre Mitarbeiter, sende ich Ihnen von ganzem Herzen meinen Segen.

Gott segne die Vereinigten Staaten von Amerika!

Carlo Maria Viganò

Titularischer Erzbischof von Ulpiana

Ehemaliger Apostolischer Nuntius in den Vereinigten Staaten von Amerika

VIII. Deutung:

Neuster offener Brief von Erzbischof Viganò an Präsident Trump[8]

Wahre Worte von einem, der die Zeichen der Zeit zu deuten weiß.

In Übersetzung: Der Zweck des „großen Resets“ und die politische Weltlage – ein Mann mit Wut und Mut!

Sonntag, 25. Oktober 2020

Das Hochfest Christi, des Königs

Herr Präsident,

Erlauben Sie mir, in dieser Stunde, in der das Schicksal der ganzen Welt durch eine globale Verschwörung gegen Gott und die Menschheit bedroht ist, zu Ihnen zu sprechen. Ich schreibe Ihnen als Erzbischof, als Nachfolger der Apostel, als ehemaliger Apostolischer Nuntius in den Vereinigten Staaten von Amerika. Ich schreibe Ihnen inmitten des Schweigens sowohl der zivilen als auch der religiösen Autoritäten. Mögen Sie diese meine Worte als die „Stimme dessen annehmen, der in der Wüste schreit“ (Joh 1,23).

Wie ich bereits im Juni in meinem Brief an Euch schrieb, sieht dieser historische Augenblick die Kräfte des Bösen in einem Kampf ohne Ende gegen die Kräfte des Guten vereint; Kräfte des Bösen, die mächtig und organisiert erscheinen, wenn sie sich den Kindern des Lichts entgegenstellen, die desorientiert und unorganisiert sind und

[8] Vgl. https://bumibahagia.com/2020/10/31/neuster-offener-brief-von-erzbischof-vigano-an-prasident-trump/

von ihren zeitlichen und geistigen Führern im Stich gelassen werden.

Täglich spüren wir, wie sich die Angriffe derjenigen mehren, die die eigentliche Grundlage der Gesellschaft zerstören wollen: die natürliche Familie, die Achtung vor dem menschlichen Leben, die Liebe zum Land, die Freiheit der Bildung und des Geschäfts. Wir sehen, wie Staatsoberhäupter und religiöse Führer diesem Selbstmord der westlichen Kultur und ihrer christlichen Seele Vorschub leisten, während die Grundrechte der Bürger und Gläubigen im Namen eines gesundheitlichen Notstands verweigert werden, der sich immer mehr als Instrument zur Errichtung einer unmenschlichen gesichtslosen Tyrannei entpuppt.

Ein globaler Plan mit der Bezeichnung „Great Reset" ist im Gange. Sein Architekt ist eine globale Elite, die die gesamte Menschheit unterwerfen will, indem sie Zwangsmaßnahmen durchsetzt, mit denen die individuellen Freiheiten und die der gesamten Bevölkerung drastisch eingeschränkt werden. In mehreren Ländern wurde dieser Plan bereits genehmigt und finanziert, in anderen befindet er sich noch in einem frühen Stadium. Hinter den Staats- und Regierungschefs der Welt, die Komplizen und Vollstrecker dieses infernalischen Projekts sind, stehen skrupellose Persönlichkeiten, die das Weltwirtschaftsforum und die Veranstaltung 201 finanzieren und für ihre Agenda werben.

Der Zweck des Great Reset ist die Verhängung einer Gesundheitsdiktatur, die auf die Verhängung libertizider Maßnahmen abzielt, die sich hinter verlockenden Versprechungen zur Sicherung eines universellen Einkommens und zum Erlass individueller Schulden verstecken. Der Preis für diese Zugeständnisse des Internationalen Währungsfonds ist der Verzicht auf Privateigentum und das Festhalten an einem von Bill Gates in Zusammenarbeit mit den wichtigsten Pharmakonzernen geförderten Impfprogramm gegen Covid-19 und Covid-21. Abgesehen von den enormen wirtschaftlichen Interessen, die die Befürworter des Great Reset motivieren, wird die Einführung der Impfung mit der Forderung nach einem Gesundheitspass und einem digitalen Ausweis einhergehen, mit der sich daraus ergebenden Kontaktverfolgung der Bevölkerung der ganzen Welt. Diejenigen, die diese Maßnahmen nicht akzeptieren, werden in Internierungslagern eingesperrt oder unter Hausarrest gestellt, und ihr gesamtes Vermögen wird konfisziert.

Herr Präsident, ich nehme an, dass Ihnen bereits bekannt ist, dass in einigen Ländern der Great Reset zwischen Ende dieses Jahres und dem ersten Trimester 2021 aktiviert wird. Zu diesem Zweck sind weitere Abriegelungen geplant, die offiziell durch eine angebliche zweite und dritte Welle der Pandemie gerechtfertigt sein werden. Sie wissen sehr wohl, welche Mittel eingesetzt wurden, um Panik zu säen und drakonische Einschränkungen der individuellen Freiheiten zu legitimieren, die auf raffinierte Weise eine weltweite Wirtschaftskrise provozieren. Nach den Absichten ihrer Architekten wird diese Krise dazu dienen, den Rückgriff der Nationen auf den Great Reset unumkehrbar zu machen und damit einer Welt den letzten Schlag zu versetzen, deren Existenz und Erinnerung sie vollständig auslöschen wollen. Aber diese Welt, Herr Präsident, umfasst Menschen, Zuneigungen, Institutionen, Glauben, Kultur, Traditionen und Ideale: Menschen und Werte, die sich nicht wie Automaten verhalten, die nicht wie Maschinen gehorchen, weil sie mit einer Seele und einem Herzen ausgestattet sind, weil sie durch ein geistiges Band miteinander verbunden sind, das seine Kraft von oben bezieht, von jenem Gott, den unsere Gegner herausfordern wollen, so wie es Luzifer zu Beginn der Zeit mit seinem „non serviam“ tat.

Viele Menschen – das wissen wir sehr gut – sind verärgert über diesen Hinweis auf den Zusammenprall von Gut und Böse und den Gebrauch „apokalyptischer“ Obertöne, der ihrer Meinung nach die Geister verärgert und die Spaltungen verschärft. Es überrascht nicht, dass der Feind verärgert ist, gerade dann entdeckt zu werden, wenn er glaubt, die Zitadelle, die er zu erobern sucht, ungestört erreicht zu haben. Überraschend ist jedoch, dass es niemanden gibt, der Alarm schlägt. Die Reaktion des tiefen Staates auf diejenigen, die seinen Plan anprangern, ist gebrochen und inkohärent, aber verständlich. Gerade als es der Komplizenschaft der Mainstream-Medien gelungen war, den Übergang zur Neuen Weltordnung fast schmerzlos und unbemerkt zu gestalten, kommen alle möglichen Täuschungen, Skandale und Verbrechen ans Tageslicht.

Bis vor einigen Monaten war es leicht, diejenigen als „Verschwörungstheoretiker“ zu verleumden, die diese schrecklichen Pläne anprangerten, von denen wir heute sehen, dass sie bis ins kleinste Detail ausgeführt werden. Niemand hätte bis Februar letzten Jahres gedacht, dass in all unseren Städten Bürgerinnen und Bürger verhaftet werden, nur weil sie auf die Straße gehen, atmen, ihr Geschäft offen halten, am Sonntag in die Kirche gehen wollen. Doch nun geschieht es überall auf der Welt, sogar im Ansichtskarten-Italien, dass viele Amerikaner es für ein kleines verzaubertes Land halten, mit seinen alten Denkmälern, seinen Kirchen, seinen bezaubernden Städten, seinen charakteristischen Dörfern. Und während sich die Politiker in ihren Palästen verbarrikadieren und Dekrete wie persische Satrapen verkünden, scheitern die Geschäfte, schließen die Läden, und die Menschen werden daran gehindert, zu leben, zu reisen, zu arbeiten und zu beten. Die katastrophalen psychologischen Folgen dieser Operation sind bereits sichtbar, beginnend mit den Selbstmorden verzweifelter Unternehmer und unserer Kinder, die von Freunden und Klassenkameraden getrennt sind und denen gesagt wird, sie sollen ihrem Unterricht folgen, während sie zu Hause allein vor dem Computer sitzen.

In der Heiligen Schrift spricht der heilige Paulus zu uns von „dem, der sich der Manifestation des Geheimnisses der Ungerechtigkeit widersetzt“, dem Kathèkon (2 Thess 2,6-7). Im religiösen Bereich ist dieses Hindernis für das Böse die Kirche und insbesondere das Papsttum; im politischen Bereich sind es diejenigen, die die Errichtung der Neuen Weltordnung behindern.

Wie jetzt klar ist, hat derjenige, der den Stuhl Petri innehat, von Anfang an seine Rolle verraten, um die globalistische Ideologie zu verteidigen und zu fördern und die Agenda der tiefen Kirche zu unterstützen, die ihn aus ihren Reihen gewählt hat.

Herr Präsident, Sie haben klar zum Ausdruck gebracht, dass Sie die Nation verteidigen wollen – eine Nation unter Gott, Grundfreiheiten und nicht verhandelbare Werte, die heute geleugnet und bekämpft werden. Sie, lieber Präsident, sind es, der sich dem tiefen Staat, dem letzten Angriff der Kinder der Finsternis, „entgegenstellt".

Aus diesem Grund ist es notwendig, alle Menschen guten Willens von der epochalen Bedeutung der bevorstehenden Wahl zu überzeugen: nicht so sehr um dieses oder jenes politischen Programms willen, sondern wegen der allgemeinen Inspiration Ihres Handelns, das in diesem besonderen historischen Kontext am besten jene Welt, unsere Welt, verkörpert, die sie durch die Abriegelung auslöschen wollen. Ihr Widersacher ist auch unser Widersacher: Es ist der Feind des Menschengeschlechts, Er, der „von Anfang an ein Mörder ist" (Joh 8,44).

Um dich herum sind mit Glauben und Mut jene versammelt, die dich für die letzte Garnison gegen die Weltdiktatur halten. Die Alternative ist, für eine Person zu stimmen, die vom tiefen Staat manipuliert und durch Skandale und Korruption ernsthaft kompromittiert wird, die den Vereinigten Staaten das antun wird, was Jorge Mario Bergoglio der Kirche, Premierminister Conte Italien, Präsident Macron Frankreich, Premierminister Sanchez Spanien und so weiter antut. Die Erpressbarkeit von Joe Biden – genau wie die der Prälaten des „magischen Zirkels" des Vatikans – wird dazu führen, dass er skrupellos benutzt wird und illegitime Kräfte sich sowohl in die

Innenpolitik als auch in die internationalen Gleichgewichte einmischen können. Es liegt auf der Hand, dass diejenigen, die ihn manipulieren, bereits jemanden bereit haben, der schlimmer ist als er, und mit dem sie ihn ersetzen werden, sobald sich die Gelegenheit dazu bietet.

Und doch taucht inmitten dieses düsteren Bildes, dieses scheinbar unaufhaltsamen Vormarsches des „Unsichtbaren Feindes", ein Element der Hoffnung auf. Der Widersacher weiß nicht zu lieben, und er versteht nicht, dass es nicht ausreicht, ein allgemeines Einkommen zu sichern oder Hypotheken zu kündigen, um die Massen zu unterjochen und sie davon zu überzeugen, wie Vieh gebrandmarkt zu werden. Dieses Volk, das allzu lange die Missbräuche einer hasserfüllten und tyrannischen Macht erduldet hat, entdeckt wieder, dass es eine Seele hat; es versteht, dass es nicht bereit ist, seine Freiheit gegen die Homogenisierung und Aufhebung seiner Identität einzutauschen; es beginnt den Wert der familiären und sozialen Bindungen, der Bande des Glaubens und der Kultur zu verstehen, die ehrliche Menschen vereinen. Dieser Große Rückzug ist zum Scheitern verurteilt, weil diejenigen, die ihn geplant haben, nicht verstehen, dass es immer noch Menschen gibt, die bereit sind, auf die Straße zu gehen, um ihre Rechte zu verteidigen, um ihre Lieben zu schützen, um ihren Kindern und Enkeln eine Zukunft zu geben. Die nivellierende Unmenschlichkeit des globalistischen Projekts wird angesichts des entschlossenen und mutigen Widerstands der Kinder des Lichts kläglich zerbrechen. Der Feind hat Satan auf seiner Seite, Er, der nur zu hassen versteht. Aber auf unserer Seite haben wir den Herrn, den

Allmächtigen, den Gott der zum Kampf gerüsteten Armeen, und die Allerheiligste Jungfrau, die den Kopf der alten Schlange zermalmen wird. „Wenn Gott für uns ist, wer kann dann gegen uns sein?“ (Röm 8,31).

Herr Präsident, Sie wissen sehr wohl, dass die Vereinigten Staaten von Amerika in dieser entscheidenden Stunde als die Verteidigungsmauer betrachtet werden, gegen die der von den Befürwortern des Globalismus erklärte Krieg entfesselt worden ist. Setzen Sie Ihr Vertrauen auf den Herrn, gestärkt durch die Worte des Apostels Paulus: „Alles kann ich tun in dem, der mich stärkt“ (Phil 4,13). Ein Werkzeug der göttlichen Vorsehung zu sein, ist eine große Verantwortung, für die Sie sicherlich alle Gnaden des Staates erhalten werden, die Sie brauchen, da sie von den vielen Menschen, die Sie mit ihren Gebeten unterstützen, inbrünstig für Sie erfleht werden.

Mit dieser himmlischen Hoffnung und der Gewissheit meines Gebets für Sie, für die First Lady und für Ihre Mitarbeiter, sende ich Ihnen von ganzem Herzen meinen Segen.

Gott segne die Vereinigten Staaten von Amerika!

+ Carlo Maria Viganò

Tit. Erzbischof von Ulpiana

Ehemaliger Apostolischer Nuntius in den Vereinigten Staaten von Amerika

Archbishop Viganò: An Open Letter Warning President Trump As The Election Approaches

OPEN LETTER

To the President of the United States of America Donald J. Trump

Sunday, October 25, 2020

Solemnity of Christ the King

Mister President,

Allow me to address you at this hour in which the fate of the whole world is being threatened by a global conspiracy against God and humanity. I write to you as an Archbishop, as a Successor of the Apostles, as the former Apostolic Nuncio to the United States of America. I am writing to you in the midst of the silence of both civil and religious authorities. May you accept these words of mine as the "voice of one crying out in the desert" (Jn 1:23).

As I said when I wrote my letter to you in June, this historical moment sees the forces of Evil aligned in a battle without quarter against the forces of Good; forces of Evil that appear powerful and organized as they oppose the children of Light, who are disoriented and disorganized, abandoned by their temporal and spiritual leaders.

Daily we sense the attacks multiplying of those who want to destroy the very basis of society: the natural family, respect for human life, love of country, freedom of education and business. We see heads of nations and religious leaders pandering to this suicide of Western culture and its Christian soul, while the fundamental rights of citizens and believers are denied in the name of a health emergency that is revealing itself more and more fully as instrumental to the establishment of an inhuman faceless tyranny.

A global plan called the ***Great Reset*** is underway. Its architect is a global élite that wants to subdue all of humanity, imposing coercive measures with which to drastically limit individual freedoms and those of entire populations. In several nations this plan has already been approved and financed; in others it is still in an early stage. Behind the world leaders who are the accomplices and executors of this infernal project, there are unscrupulous characters who finance the *World Economic Forum* and *Event 201,* promoting their agenda.

The purpose of the *Great Reset* is the imposition of a health dictatorship aiming at the imposition of liberticidal measures, hidden behind tempting promises of ensuring a universal income and cancelling individual debt. The price of these concessions from the International Monetary Fund will be the renunciation of private property and adherence to a program of vaccination against Covid-19 and Covid-21 promoted by Bill Gates with the collaboration of the main pharmaceutical groups. Beyond the enormous economic interests that motivate the promoters of the *Great Reset*, the imposition of the vaccination will be accompanied by the requirement of a health passport and a digital ID, with the consequent contact tracing of the population of the entire world. Those who do not accept these measures will be confined in detention camps or placed under house arrest, and all their assets will be confiscated.

Mr. President, I imagine that you are already aware that in some countries the *Great Reset* will be activated between the end of this year and the first trimester of 2021. For this purpose, further lockdowns are planned, which will be officially justified by a supposed second and third wave of the pandemic. You are well aware of the means that have been deployed to sow panic and legitimize draconian limitations on individual liberties, artfully provoking a world-wide economic crisis. In the intentions of its architects, this crisis will serve to make the recourse of nations to the *Great Reset* irreversible, thereby giving the final blow to a world whose existence and very memory they want to completely cancel. But this world, Mr. President, includes people, affections, institutions, faith, culture, traditions, and ideals: people and values that do not act like automatons, who do not obey like machines, because they are endowed with a soul and a heart, because they are tied together by a spiritual bond that draws its strength from above, from that God that our adversaries want to challenge, just as Lucifer did at the beginning of time with his "*non serviam*."

Many people – as we well know – are annoyed by this reference to the clash between Good and Evil and the use of "apocalyptic" overtones, which according to them exasperates spirits and sharpens divisions. It is not surprising that the enemy is angered at being discovered just when he believes he has reached the citadel he seeks to conquer undisturbed. What is surprising, however, is that there is no one to sound the alarm. The reaction of the deep state to those who denounce its plan is broken and incoherent, but understandable. Just when the complicity of the mainstream media had succeeded in making the transition to the New World Order almost painless and unnoticed, all sorts of deceptions, scandals and crimes are coming to light.

Until a few months ago, it was easy to smear as "conspiracy theorists" those who denounced these terrible plans, which we now see being carried out down to the smallest detail. No one, up until last February, would ever have thought that, in all of our cities, citizens would be arrested simply for wanting to walk down the street, to breathe, to want to keep their business open, to want to go to church on Sunday. Yet now it is happening all over the world, even in picture-postcard Italy that many Americans consider to be a small enchanted country, with its ancient monuments, its churches, its charming cities, its characteristic villages. And while the politicians are barricaded inside their palaces promulgating decrees like Persian satraps, businesses are failing, shops are closing, and people are prevented from living, traveling, working, and praying. The disastrous psychological consequences of this operation are already being seen, beginning with the suicides of desperate entrepreneurs and of our children, segregated from friends and classmates, told to follow their classes while sitting at home alone in front of a computer.

In Sacred Scripture, Saint Paul speaks to us of "the one who opposes" the manifestation of the *mystery of iniquity*, the *kathèkon* (2 Thess 2:6-7). In the religious sphere, this obstacle to evil is the Church, and in particular the papacy; in the political sphere, it is those who impede the establishment of the New World Order.

As is now clear, the one who occupies the Chair of Peter has betrayed his role from the very beginning in order to defend and promote the globalist ideology, supporting the agenda of the deep church, who chose him from its ranks.

Mr. President, you have clearly stated that you want to defend the nation – *One Nation under God*, fundamental liberties, and non-negotiable values that are denied and fought against today. It is you, dear President, who are "the one who opposes" the deep state, the final assault of the children of darkness.

For this reason, it is necessary that all people of good will be persuaded of the epochal importance of the imminent election: not so much for the sake of this or that political program, but because of the general inspiration of your action that best embodies – in this particular historical context – that world, our world, which they want to cancel by means of the lockdown. Your adversary is also our adversary: it is the Enemy of the human race, He who is "a murderer from the beginning" (Jn 8:44).

Around you are gathered with faith and courage those who consider you the final garrison against the world dictatorship. The alternative is to vote for a person who is manipulated by the deep state, gravely compromised by scandals and corruption, who will do to the United States what Jorge Mario Bergoglio is doing to the Church, Prime Minister Conte to Italy, President Macron to France, Prime Minster

Sanchez to Spain, and so on. The blackmailable nature of Joe Biden – just like that of the prelates of the Vatican's "magic circle" – will expose him to be used unscrupulously, allowing illegitimate powers to interfere in both domestic politics as well as international balances. It is obvious that those who manipulate him already have someone worse than him ready, with whom they will replace him as soon as the opportunity arises.

And yet, in the midst of this bleak picture, this apparently unstoppable advance of the "Invisible Enemy," an element of hope emerges. The adversary does not know how to love, and it does not understand that it is not enough to assure a universal income or to cancel mortgages in order to subjugate the masses and convince them to be branded like cattle. This people, which for too long has endured the abuses of a hateful and tyrannical power, is rediscovering that it has a soul; it is understanding that it is not willing to exchange its freedom for the homogenization and cancellation of its identity; it is beginning to understand the value of familial and social ties, of the bonds of faith and culture that unite honest people. This *Great Reset* is destined to fail because those who planned it do not understand that there are still people ready to take to the streets to defend their rights, to protect their loved ones, to give a future to their children and grandchildren. The leveling inhumanity of the globalist project will shatter miserably in the face of the firm and courageous opposition of the children of Light. The enemy has Satan on its side, He who only knows how to hate. But on our side, we have the Lord Almighty, the God of armies arrayed for battle, and the Most Holy Virgin, who will crush the head of the ancient Serpent. "If God is for us, who can be against us?" (Rom 8:31).

Mr. President, you are well aware that, in this crucial hour, the United States of America is considered the defending wall against which the war declared by the advocates of globalism has been unleashed. Place your trust in the Lord, strengthened by the words of the Apostle Paul: "I can do all things in Him who strengthens me" (Phil 4:13). To be an instrument of Divine Providence is a great responsibility, for which you will certainly receive all the graces of state that you need, since they are being fervently implored for you by the many people who support you with their prayers.

With this heavenly hope and the assurance of my prayer for you, for the First Lady, and for your collaborators, with all my heart I send you my blessing.

God bless the United States of America!

+ Carlo Maria Viganò

Tit. Archbishop of Ulpiana

Former Apostolic Nuncio to the United States of America

Printed by Books on Demand GmbH, Norderstedt / Germany